ABC für alle

Maja Rabe

Impressum:

ISBN: 3-935997-33-7 Best.-Nr.: 97337

Fotos: Peter Wirtz, Dormagen
Styling: Angelika Nowotny
Grafik/Zeichnungen: Daria Broda
Lithos: MS Integrated Media Solutions GmbH, Köln
Layout/Satz/Bildbearbeitung: Marion Haustein, Dormagen
Druck: Neusser Druckerei und Verlag GmbH

Alle Materialangaben und Arbeitsweisen für die abgebildeten Motive wurden sorgfältig geprüft. Eine Garantie oder gar Haftung für eventuell auftretende Schäden können seitens der Autorin oder des Verlages nicht übernommen werden.

Auflage: 8. 7. 6. 5. 4. 3. 2. 1. Rechte Zahl ist maßgebend.
Jahr: 2006 2005 2004 2003

Vorwort

Lesen lernen leicht gemacht mit einem Alphabet, das sich sehen lassen kann. Aller Anfang ist schwer, so auch das Lesen lernen. Leichter fällt es kleinen Leuten, wenn sie mit jedem Buchstaben ein Bild verbinden können. Dazu finden Sie in diesem Buch viele verschiedene Motive. Damit lassen sich auch andere Dinge gestalten wie z.B. Türschilder, Fensterbilder, Einladungen, Tischkarten oder Mobiles. Alle Motive sind untereinander austauschbar. Es gibt große und kleine Buchstaben und die großen sogar in zwei Größen. Viel Spaß beim Ausprobieren wünscht

Maja Rabe

Maja Rabe

Material & Werkzeug

Bleistift

Buntstift

Filzstift

weißer Lackstift

(Stifte sind nicht jeweils in den Materialangaben aufgeführt, bitte beachten Sie die Abbildungen.)

Tonkarton/
Wellpappe

Außerdem

- Transparent- oder Butterbrotpapier
- dünner Karton für die Vorlagen
- Arbeitsunterlage
- Schaschlikstäbchen

Nähgarn
und Nadel

Cutter

Schere

Heißklebepistole

flüssiger Klebstoff

Zacken- oder
Wellenschere

Toilettenpapierrollen

Stepp by Stepp

Stepp 1

Herstellen einer Schablone

Als erstes werden alle Teile des ausgewählten Motivs ohne Überschneidungen vom Vorlagenbogen auf das Transparent- oder Butterbrotpapier übertragen. Das Papier wird dann vorsichtig auf einen dünnen Karton geklebt und ausgeschnitten. Damit ist die Schablone fertig.

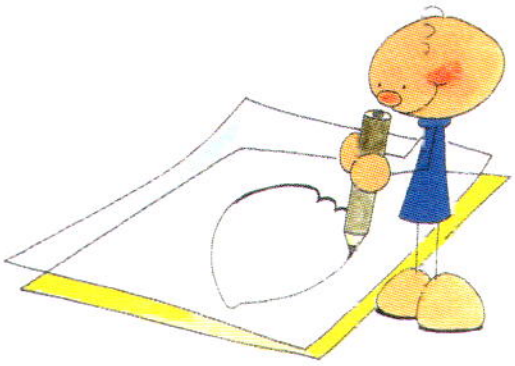

Stepp 2

Dann werden die Schablonen auf das ausgewählte Material gelegt und die Umrisse mit einem Bleistift umfahren. Denken Sie daran, dass bei Wellpappe die Schablone spiegelverkehrt auf die glatte Seite gelegt wird. Alle Teile in der erforderlichen Anzahl aufzeichnen und ausschneiden.

Stepp 3

Bleistiftreste mit einem Radiergummi entfernen und eventuell entstandene Schnittkanten mit dem Griff einer Schere glätten. Sind alle Vorbereitungen abgeschlossen, kann das Motiv zusammengefügt werden. Zum Positionieren der einzelnen Teile sind der Vorlagenbogen und das Foto eine gute Hilfe.

Tipps!

- Damit Fensterbilder von beiden Seiten gleich schön werden, müssen einige Teile doppelt zugeschnitten werden.
- Lesen Sie immer zuerst die ganze Anleitung.
- Mit der Heißklebepistole lassen sich Motivteile schnell und einfach auf Wellpappe fixieren. Kinder sollten nur unter Aufsicht mit der Heißklebpistole arbeiten!
- Die Motive sind untereinander austauschbar.

A wie Außerirdischer

Material für A von Seite 16
- grüne 3-D-Wellpappe
- Tonkarton: haut, gelb, braun

Fenstermobile

Material
- Tonkarton: gelb, rot, grün, lila, blau
- Variokarton: Sternenhimmel
- Hologrammkarton: goldene Sterne
- Nadel und Faden

Alle Teile in der benötigten Anzahl ausschneiden. Auf den Hologrammkarton die blauen Teile kleben und mit einem silbernen Stift verzieren. Den bemalten Außerirdischen und das rote Teil zwischen die zwei Raumschiffhälften kleben. Beidseitig zuletzt die Hände fixieren und den Außerirdischen in den mit Sternen verzierten Ring hängen.

Utensilo für Außerirdische

Material
- blaue Wellpappe
- Tonkarton: gelb, regenbogenfarben, blau mit Sternen
- 3 Toilettenpapierrollen
- 1 Küchenkrepprolle gekürzt auf 16 cm
- Zackenschere

Die Papierrollen mit Wellpappe bekleben und den Boden aus dem Sternenkarton zuschneiden. Sterne und Außerirdische ausschneiden und bemalen. Die Rollen mit einer Heißklebepistole auf den Boden kleben. Abschließend werden Sterne und Außerirdische auf dem Utensilo arrangiert.

B wie Blume

Bär im Auto

Material

- grüne Wellpappe
- Tonkarton: gelb, rot, hellbraun, braun, blau, schwarz
- Baumwollgarn
- Bürolocher

Auf den Bärenkopf die Schnauze kleben, bemalen und den Kopf am Körper fixieren. Die Räder zusammenfügen und mit dem zweiteiligen Scheinwerfer auf das Auto kleben. Das Lenkrad und den Bären hinter dem Auto fixieren. Dann wird der Arm vorne positioniert. Die Buchstaben hinter die Anhänger kleben und mit den Rädern vervollständigen. Zuletzt das Gespann auf die grüne Wellpappe kleben und mit dem Baumwollgarn verbinden.

Material für B von Seite 16

- Wellpappe: blau mit Punkten
- Tonkarton: gelb, rot, schwarz, gelb mit Streifen
- hellblauer Primavera-Karton: Firenze

Tipp!

Die Radnaben wurden mit einem Locher ausgestanzt.

B wie Bär

Bärenkette

Material

- Tonkarton: weiß, gelb, rosa, hellblau, grün, braun
- Nadel und Nähgarn

Die zweiteiligen Bärenköpfe zusammensetzen, auf dem Körper fixieren und bemalen. Die Blütenstempel auf die Blüte kleben, Gesichter aufmalen und mit den Buchstaben zusammen an die Bären kleben. Nun werden die Bären nur noch untereinander gehängt.

C wie Clown

Material für C von Seite 16
- regenbogenfarbene 3-D-Wellpappe
- Tonkarton: weiß, regenbogenfarben

Zirkuszelt

Material
- Wellpappe: gelb, rot, grün
- Tonkarton: weiß, orange, rot, regenbogenfarben, schwarz
- Happy Paper Motive: blau mit Sternchen, rot mit Kringeln

Am Kopf vorne die Nase, hinten die Haare fixieren und bemalen. Den fertigen Kopf mit Schuhen und Bommeln auf dem Körper platzieren. Aus Wellpappe das zweiteilige Zirkuszelt zusammensetzen. Zuletzt die Kreise und die Clowns auf das Zelt kleben.

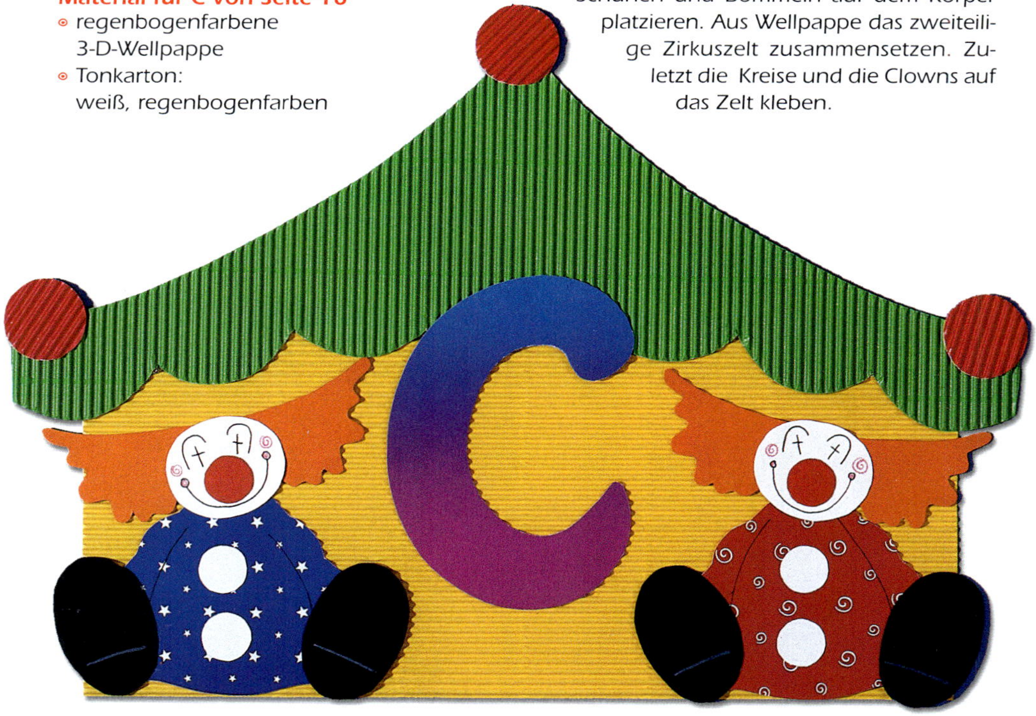

Tipp:
Das Zirkuszelt kann auch als Türschild gearbeitet werden.

D wie Drache

D wie Dornröschenschloss

Material Türschild
- naturfarbene Wellpappe
- Variokarton: Klinker/Dachziegel
- Tonkarton: haut, gelb, rot, grün, schwarz

Alle Teile des Motivs ausschneiden. Das Schloss mit Fenstern, Dächern und bemalten Rosen bekleben. Das Gesicht bemalen und auf das große Haarteil kleben. Mit dem kleinen Haarteil und den Rosen vervollständigen. Auf das Wellpappeteil den Namen und die Rosen fixieren. Dann werden Dornröschen und das Namensschild auf dem Schloss positioniert.

Material für D diese Seite
- Tonkarton: rot, grün, lila

An den Drachenkörper vorne die Füße und hinten die roten Teile kleben. Bemalen und am „D" fixieren.

Material für D von Seite 16
- gelbe Wellpappe
- Tonkarton: hellgrün, grün, braun

E wie Eskimo

Gesicht bemalen und auf das Fell kleben. Das Gesicht und das E vorne, Hände und Schuhe hinten am Körper fixieren. Bommel mit dem Locher ausstechen und auf dem Körper platzieren.

Material für E diese Seite
- Tonkarton: weiß, haut, rot, grün, braun, schwarz
- Bürolocher

Material für E von Seite 17
- orange Wellpappe
- Tonkarton: gelb, grau

E wie Engel

Material
- Tonkarton: haut, gelb, rot, braun
- Happy Paper Motive: rot, blau, grün mit Sternen
- Hologrammkarton: goldene Sterne
- je 1 Schaschlikspieß

Am Kopf hinten das große und vorne das kleine Haarteil befestigen. Das Gesicht aufmalen. Hände an Körper und Arme kleben. Dann werden Kopf und Arm vorne und das Flügelteil hinten am Körper befestigt. Abschließend hinten mit Heißkleber einen Schaschlikspieß fixieren.

F wie Froschkönig

Teelicht

Material
- grüne Wellpappe
- Tonkarton: gelb, rot, grün, dunkelgrün, regenbogenfarben
- Bürolocher
- Cutter, Lineal

Den Boden ausschneiden und an der gestrichelten Linie mit dem Cutter auf der Oberseite vorsichtig einritzen und über ein Lineal knicken. Einen Streifen Wellpappe, 2,5 x 14 cm, zu einem Ring kleben, der genau um ein Teelicht passt. Den dreiteiligen Frosch zusammenfügen. Augen aufkleben und den Frosch bemalen. Mit der Krone vervollständigen und an den Boden kleben. Das Gras hinter dem Frosch platzieren und den Ring auf dem Boden fixieren. Zuletzt einen kleinen Streifen Wellpappe über eine Schere ziehen und als Stiel an den Boden kleben.

Maß für die Tischkarte: 6,5 x 8 cm
Maß für die Einladungskarte: 14,8 x 21 cm

Material für F von Seite 17
- blaue 3-D-Wellpappe
- roter Primavera-Karton: Milano
- Tonkarton: orange, lila

G wie Geist

Material für G diese Seite
- regenbogenfarbene 3-D-Wellpappe
- weißer Tonkarton

Alle Teile des Motivs ausschneiden. Die Geister bemalen und beidseitig am „G" fixieren.

Material für G von Seite 17
- Tonkarton: weiß, gelb, rot
- Happy Paper Motiv: Kringel rot

H wie Hexe

Material
- rote Wellpappe
- Tonkarton: haut, orange, orangerot, regenbogenfarben, schwarz

Das zweiteilige Haus zusammenfügen und die Katze auf dem Dach platzieren. Das Hexengesicht bemalen und an den Körper kleben. Haare und Hände hinten, den Kopf vorne am Hexenkörper fixieren. Zuletzt den Hut befestigen. Die kleine Hexe mit dem Zaun vor das Haus kleben und mit den Buchstaben vervollständigen.

Material für H von Seite 17
- grüne Wellpappe
- Tonkarton: orange, grün
- Variokarton: Teddy/Lamm

Hexen-Fenstermobile

Das Haus erhält auf beiden Seiten das Wellpappedach. Die Hexe zusammenfügen und auf die eine Seite des Hauses kleben. Den Baum und den Zaun auf der anderen Seite fixieren. Katze und Kürbisse bemalen und am Motiv befestigen.

Material

- rote Wellpappe
- Tonkarton: haut, orange, regenbogenfarben, braun, schwarz
- Happy Paper Motiv: blau mit Sternchen
- Nadel, Nähgarn

Tieri
A

Material

Für alle Motive wird eine Wellenschere benötigt. Die Materialangaben zu den einzelnen Motiven finden Sie auf den Seiten der entsprechenden Buchstaben.

sches
B C

Benötigt wird je ein Kreis aus Karton. Die Motivteile werden ausgeschnitten und bemalt. Da die Motive sehr einfach sind, kann man sie anhand des Fotos oder des Vorlagenbogens zusammensetzen.

I wie Igel

Großer Igel

Material
- braune Wellpappe
- Tonkarton: haut, orange, verschiedene Grüntöne, braun

Den zweiteiligen Igel zusammenfügen und bemalen. Die Blätter ausschneiden und zum Formen über eine Schere ziehen. Die Blätter werden dann mit den Buchstaben zusammen auf dem Igel arrangiert.

Material für I von Seite 16
- Tonkarton: haut, rot, braun
- Variokarton: Blätter/Pilze

Tipp!

Der Igel ist auch ein schönes Türschild.

Igelkette

Material
- naturfarbene 3-D-Wellpappe
- Tonkarton: haut, braun, verschiedene Grüntöne

Zwischen den beiden Körperteilen wird der Kopf fixiert. Augen, Nase und Mund aufmalen. Die Blätter über die Schneide einer Schere ziehen und formen. Zuletzt werden die Blätter beidseitig an die Igelchen geklebt und die Igel untereinander gehängt.

J wie Junge

Material
- Tonkarton: haut, gelb, rot, blau, braun
- Happy Paper Motiv: dünne, grüne Streifen

Das Haarteil auf den Kopf kleben und das Gesicht aufmalen. Die Hände an den Ärmeln befestigen und die Schuhe auf die Hose kleben. Den Kopf vorne auf den Pulli und die Hose hinten am Pulli fixieren. Das „J" platzieren und mit den Armen festkleben.

Material für J von Seite 16
- grüne 3-D-Wellpappe
- Tonkarton: orange, grün, regenbogenfarben, Leopard Muster

Stundenplan für Jungs

Material
- naturfarbene 3-D-Wellpappe
- Tonkarton: haut, gelb, rot, grün, braun
- Happy Paper Motiv: dünne blaue Streifen, rote Karos
- Zackenschere
- Stundenplan

Aus der Wellpappe ein Rechteck von 29,7 x 17,5 cm schneiden. Aus dem grünen Karton mit der Zackenschere ein Rechteck von 20 x 11,5 cm schneiden. Auf den grünen Karton einen Stundenplan kleben und beides zusammen rechts oben auf dem Wellpapperechteck platzieren. Mit zwei Lausbuben dekorieren. Zuletzt noch den Namen des Kindes ausschneiden und ankleben.

K wie König

Bilderrahmen

Für den Rahmen wird das Königschloss ausgeschnitten, bemalt und mit den Dächern beklebt. Für die Rückseite ein passendes Rechteck aus Wellpappe zuschneiden. Ein Foto in das Fenster kleben und die Wellpappe dahinter fixieren. Die Stütze mit der Heißklebepistole hinten mittig ankleben. Beim König den Bart auf das Gesicht, das Gesicht auf die Haare und die Krone dahinter kleben. Das Gesicht bemalen und mit dem Kragen auf dem Gewand fixieren und mit einigen Locherpunkten verzieren. Die Prinzessin, die oben über das Schloss schaut, ist auf Seite 24 beschrieben.

Material für K von Seite 16

- rote Wellpappe mit Punkten
- Tonkarton: weiß, grau, grün, schwarz

Material für Bilderrahmen

- Wellpappe zum Hinterkleben
- Tonkarton: weiß, haut, gelb, orange, rot, hellblau, blau
- Variokarton: Ziegel
- Bürolocher

L wie Löwe

Löwenmappe

Für die Mappe werden zwei Löwen und ein Löwenkopf benötigt. Auf der Löwenmähne wird der Kopf fixiert und mit Locherpunkten als Augen vervollständigt. Gesicht aufmalen und mit den Pfoten zusammen auf dem Körper fixieren. Für das Namensschild werden mit der Zackenschere aus Tonkarton und Primavera-Karton zwei verschieden große Rechtecke geschnitten. Für den unteren Bereich kann der Karton nach Wunsch zugeschnitten werden. Löwen und Kartonzuschnitte auf der Mappe platzieren. Mit dem Namen und einigen Herzen fertigstellen.

Material für L von Seite 16

- blaue Wellpappe mit Punkten
- Tonkarton: gelb, rot, braun

Material für Löwenmappe

- Tonkarton: gelb, rot, grün, braun
- grüner Primavera-Karton: Milano
- Mappe DIN A4
- Zackenschere
- Bürolocher

M wie Monster

Material für M diese Seite
- Tonkarton:
  weiß, haut, blau, braun

Auf den Monsterkopf die Augen kleben und das Gesicht aufmalen. Die Beine hinter dem Körper fixieren. Kopf, Arme und das „M" vorne auf den Körper kleben.

Material für M von Seite 17
- gelbe Wellpappe mit Punkten
- brauner Tonkarton
- blauer Primavera-Karton:
  Milano

Stundenplan für Mädchen

Material
- weiße 3-D-Wellpappe
- Tonkarton: haut, gelb, orange, rot, regenbogenfarben, braun
- Happy Paper Motive:
  Rosen und dünne Streifen
- Stundenplan
- Bogenschere
- Cutter, Lineal

Zuerst alle Teile ausschneiden. Den Stundenplan mit der Bogenschere zurechtschneiden und ein etwas größeres Rechteck aus Regenbogenkarton darunter kleben. Die Mädchen ausschneiden und laut Abbildung zusammenkleben. Für das kleine Ablagefach wird die Wellpappe an den eingezeichneten Linien vorsichtig mit dem Cutter eingeritzt, über ein Lineal gefaltet und zusammengeklebt. Dann werden Mädchen, Herzen, Stundenplan und Fach auf dem Herz platziert.

N wie Nixe

Material für N von Seite 17
- metallicblaue 3-D-Wellpappe
- Tonkarton:
  regenbogenfarben, grau

Nixenmobile

Material
- blaue 3-D-Wellpappe
- Tonkarton: weiß, haut, gelb, rot, grün, blau, regenbogenfarben
- Nadel, Nähgarn

Zwei Kreise aus Wellpappe ausschneiden und zusammenkleben. Für die Nixen zuerst die kleinen Haarteile auf die Köpfe kleben und die Gesichter aufmalen. Den Kopf mit den Armen hinten an den Körper kleben und dann das große Haarteil dahinter fixieren.

Zwei der Nixen werden auf dem Wellpappekreis fixiert, die anderen darunter gehängt.

O wie Oktopus

Material für O von Seite 17

- Tonkarton: orange, regenbogenfarben
- Variokarton: Wasser

Türschild mit Oktopus

Das Schild wird zweimal benötigt. Einmal aus Wellpappe und einmal aus Primavera-Karton. Das letztere wird mit der Wellenschere etwas kleiner geschnitten und dann auf das Wellpappeteil geklebt. Den Oktopus ausschneiden und bemalen. Aus einem Rest Karton mit der Wellenschere ein kleines Schild schneiden und mit Buchstaben und Oktopus zusammen aufkleben.

Material für Türschild

- blaue 3-D-Wellpappe
- Tonkarton: gelb, grün, regenbogenfarben
- blauer Primavera-Karton: Milano
- Wellenschere

P wie Prinzessin

Material

- Tonkarton: haut, gelb, rot
- Happy Paper Motiv: hellblau mit Herzen

An den Kopf das kleine Haarteil kleben und das Gesicht aufmalen. Den Kopf mit dem Kragen auf dem Kleid anbringen. Die Krone, das zweite Haarteil und den Volant hinten am Körper fixieren.

P wie Piraten

Piratenschiff

Material
- naturfarbene 3-D-Wellpappe
- Tonkarton: creme, haut, gelb, rot, grün, blau, braun, schwarz, regenbogenfarben
- Happy Paper Motiv: dünne Streifen gelb, rot, grün, blau

Alle Köpfe erhalten entweder Haare oder ein Kopftuch und werden bemalt. Dann werden sie an die Körperteile geklebt. Einen Kopf kann man in das runde Bullauge kleben, Überstehendes wird passend abgeschnitten. Die Piraten auf dem Schiff arrangieren und mit Händen, Säbeln und Totenkopf vervollständigen.

P wie Panda

Material
- Tonkarton: rot, grün, schwarz
- Variokarton: Lamm

An die Pandaköpfe die schwarzen Ohren kleben und bemalen. Das Fellteil mit dem Kopf und den Füßen auf den Bärenkörper kleben.

Material für P von Seite 17
- Tonkarton: rot, mittelbraun, braun
- Happy Paper Motiv: Gänseblümchen

Q wie Quadrat

Material für Q von Seite 16
- blaue Wellpappe mit Punkten
- Tonkarton:
  weiß, gelb, hellblau

Material
- blaue Wellpappe
- Tonkarton: weiß, hellblau
- Happy Paper Motiv: kariert rot, grün, blau

Die kleinen Quadrate werden mit den Gesichtern bemalt und erhalten Hände und Füße. Dann werden sie mit den Buchstaben auf dem Wellpappequadrat fixiert.

R wie Rabe

Material
- regenbogenfarbene 3-D-Wellpappe
- Tonkarton: orange, schwarz

Den Schnabel bemalen und mit den Füßen auf dem Körper fixieren. Einen Flügel vor, den anderen hinter den Körper kleben. Augen aufmalen und auf den Buchstaben setzen.

Material für R von Seite 16
- Tonkarton: lila, regenbogenfarben
- Variokarton: Laub

S wie Schneemann

Material für S von Seite 16
- blaue 3-D-Wellpappe
- Tonkarton: weiß, haut

Fenstermobile

Material
- Tonkarton: weiß, creme, rot, blau
- Variokarton: Eiskristall/Schnee

Schneemänner aus dem cremefarbenen Karton ausschneiden, bemalen und mit Hüten und Füßen fertigstellen. Die Schneekristalle werden aus dem weißen Karton ausgeschnitten und mit den Schneemännern am Ring platziert.

T wie Troll

Material für T von Seite 16
- weiße 3-D-Wellpappe
- Tonkarton: weiß, grün, blau, Tiger Muster

Material für T diese Seite
- Tonkarton: rot, hellbraun, braun, schwarz, regenbogenfarben

Die Gesichter von Troll und Teufel bemalen und mit den übrigen Teilen an die Körper kleben. So können sich beide am „T" festhalten.

U wie Uhu

Material für U von Seite 17
- grüne Wellpappe
- Tonkarton: gelb, orange, blau, hellbraun, braun

Uhu-Uhr

Den Wellpappekreis ausschneiden, die Mitte markieren und ein Loch stechen. Zwölf Kreise zuschneiden und nummerieren. Den Uhu zusammenfügen und mittig auf den Kreis kleben. Das Loch von hinten durch den Uhu stechen und so groß machen, dass die Musterklammer knapp durchpasst. Die Zahlen-Kreise aufkleben und die Zeiger mit der Musterklammer befestigen.

Material für Uhu-Uhr
- grüne Wellpappe
- Tonkarton: gelb, orange, grün, hellbraun, braun
- Musterklammer

V wie Vampir

Material für V von Seite 17

- Tonkarton: blau mit Sternen, rot, grau, schwarz
- roter Primavera-Karton: Milano

Vampir-Geister-Gruselmobile

Material

- Tonkarton: weiß, rot, grau, schwarz
- Bürolocher

Als Geisterschloss wird hier das Dornröschenschloss von Seite 11 verwendet. Es wird beidseitig mit Fenstern und Dächern beklebt. Die einteiligen Geister nur bemalen. Bei den Vampiren werden die Augen mit einem Bürolocher ausgestanzt und aufgeklebt. Gesichter aufmalen und den Kopf sowie die Flügel am Körper fixieren. Geister und Vampire am und unter dem Schloss anbringen.

W wie Weihnachtsmann

Material für W von Seite 17
- Tonkarton: weiß, gelb, grau
- Variokarton: Wasser

Material
- Tonkarton: weiß, haut
- roter oder blauer Primavera-Karton: Milano

Für die Karte zusätzlich
- Happy Paper Motiv: grün mit Sternchen

Aus dem Sternchenkarton die Karte, 14,8 x 21 cm, zuschneiden, mittig falten und mit den Gesichtern dekorieren.

Für die Tischkarte zusätzlich
- grüner Tonkarton

Ein Rechteck, 6,5 x 8 cm, zuschneiden und mittig falten und ebenfalls mit dem Weihnachtsmann bekleben.

Für die Stabdeko zusätzlich
- je 1 Schaschlikspieß

Die Weihnachtsmänner laut Abbildung zusammenfügen und von hinten mit Heißkleber je einen Schaschlikspieß anbringen.

Für den Serviettenring zusätzlich
- grüne Wellpappe
- 2 cm von einer Küchenkrepprolle

Den Ring mit einem Streifen Wellpappe und dem Gesicht bekleben.

X & Y wie Yeti

Utensilo

Material

- blaue Wellpappe
- Tonkarton: weiß, haut, gelb, orange, rot, blau, regenbogenfarben
- Variokarton: Galaxis
- lila Primavera-Karton: Firenze
- Hologrammkarton: goldene Sterne
- 3 Toilettenpapierrollen
- 1 Küchenkrepprolle halbiert

Die Kartonrollen werden mit Wellpappe beklebt und vier davon wie auf der Skizze vom Vorlagenbogen angeordnet und zusammengeklebt. Die Rollen auf dem Boden fixieren und den zweiteiligen Galaxiehintergrund vor die Rollen kleben. Alle Figuren laut Abbildung zusammenkleben, bemalen und entsprechend an den Rollen fixieren.

Material für X von Seite 17

- rote Wellpappe mit Punkten
- Tonkarton: grün, regenbogenfarben

Material für Y von Seite 16

- Tonkarton: weiß, haut, rot
- Variokarton: Eiskristall/Schnee
- Happy Paper Motiv: rot mit Kringeln

Z wie Zauberer

Material für Z von Seite 17
- Tonkarton: regenbogenfarben, Zebra Muster
- Variokarton: Wiese

Fensterbild

Material
- gelbe Wellpappe
- Tonkarton: weiß, haut, gelb, orange, rot, grün, blau, schwarz, grün und blau mit Sternchen

Den Vorhang auf die Bühne kleben und mit zwei Wellpappestreifen verzieren. Bart, Nase und Hut auf den Kopf kleben und bemalen. Den Kopf an den Körper kleben und das Haarteil hinten fixieren. Den zweiteiligen Zauberstab zusammen mit den übrigen Teilen am Körper befestigen. Den Zauberer auf die Bühne stellen und schon kann er bunte Buchstaben aus seinem Hut zaubern.